Anni Kolvenbach

Die GRIECHEN

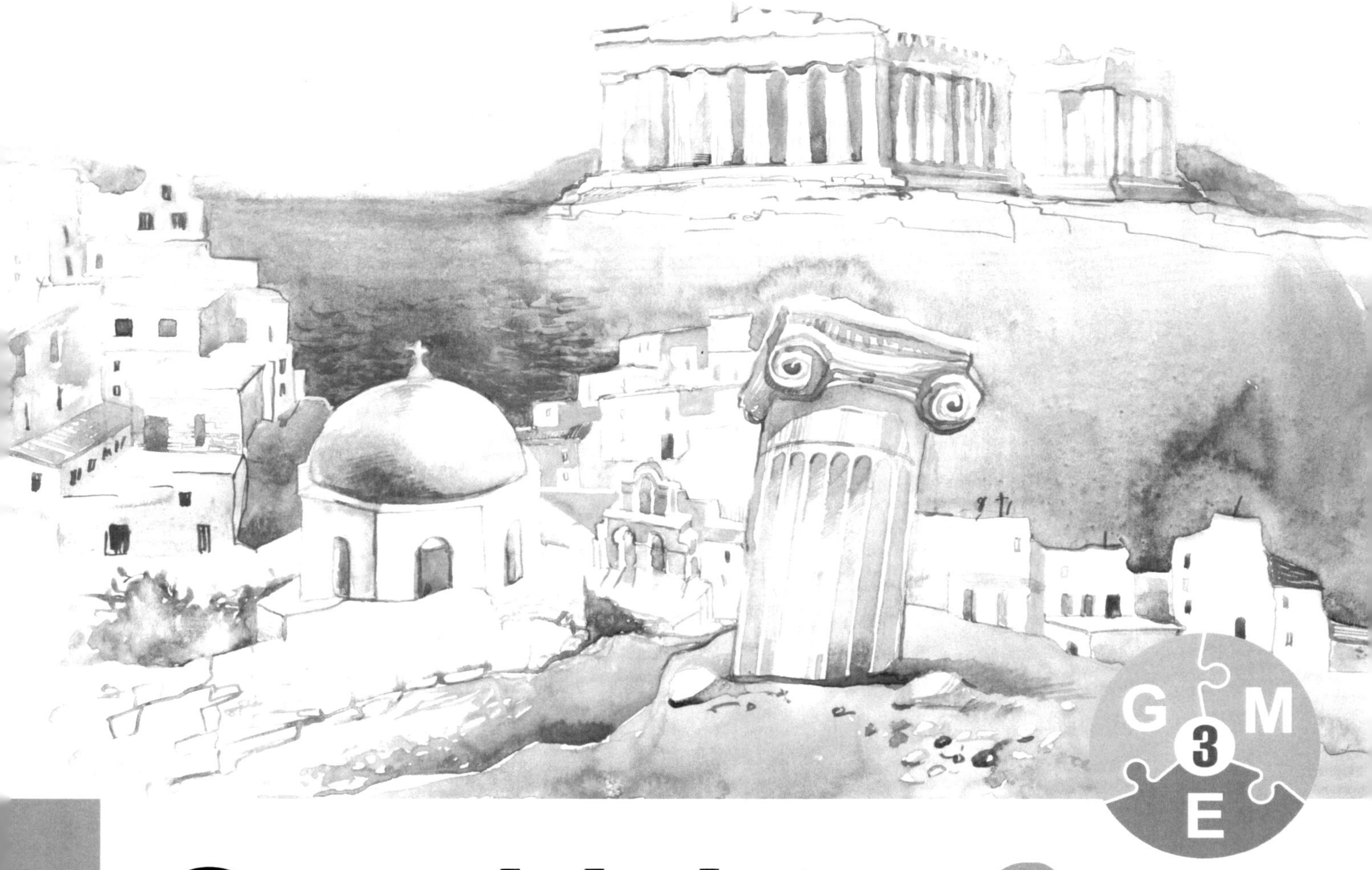

G M 3 E

8 Geschichte

Die Griechen

Sonderpädagogisches Fördermaterial (Band 8)

4. Auflage 2025

Inhalt: Anni Kolvenbach
Coverbild: © okalinichenko - AdoebStock.com
Redaktion: Kohl-Verlag
Grafik & Satz: Kohl-Verlag
Druck: Druckerei Flock, Köln

Bestell-Nr. 12 695

ISBN: 978-3-98558-002-6

Bildquellen © AdobeStock.com:
S. 5-7: ZoomTeam; S. 8-10: Massimo Todaro; S. 10: Kate K.; S. 11-13: honeyflavour; S. 14-16: Hasmik; S. 17-19: honeyflavour, Alexey Pavluts; S. 20-22: Alexx; S. 25-27: cirodelia, Erica Guilane-Nachez; S. 26-28: Mitzo_bs; S. 29-31: fuzzylogickate, okalinichenko, ZoomTeam

Kontakt: Kohl-Verlag, An der Brennerei 37-45, 50170 Kerpen
Tel: +49 2275 331610, Mail: info@kohlverlag.de

Inhalt

KOHL VERLAG DIE GRIECHEN ... aus der Reihe: Inklusion KONKRET (Band 8) – Bestell-Nr. 12 695

Vorwort

Liebe Kolleginnen und Kollegen,

das Feld „Inklusion" rückt immer mehr in den Bereich der Regelschulen und gerade in den geisteswissenschaftlichen Fächern ist das Material rar. Das hat mich ermutigt, mein über Jahre gesammeltes Material, neu zu sortieren und zu veröffentlichen.

DAS Kind mit einer Lernbehinderung gibt es nicht; der Grad der Lernbehinderung ist so unterschiedlich, wie die Kinder selbst.

Nur, welche Anforderungen müssen die Kinder an einer Regelschule leisten? Wie hoch darf ich meinen Anspruch „schrauben"? Wie weit muss ich in meinen Erwartungen runter gehen? Diese Fragen stellt man sich meist, wenn man ein Kind mit einer Lernbehinderung nun in einem Klassenverband der Regelschule sitzen hat.
Die Antwort ist eigentlich recht einfach: Die zu bietenden Leistungen des Kindes sind der Anspruch der Lehrer•in. Viel zentraler ist, dass die Kinder dabei sind, dass das Thema das Gleiche ist.

Dazu ein kurzes Beispiel: Die Klasse liest im Geschichtsbuch etwas zu den griechischen Göttern. Die SuS bearbeiten die Aufgaben und übertragen ggf. Abbildungen in ihr Heft. Schon beim Lesen beginnt oft die Hürde für ein Kind mit einer Lernbehinderung. Andere können „vorlesen" und erfassen den inhaltlichen Sinn nicht, andere könnten den Inhalt erfassen, wenn der Text etwas einfacher und kürzer wäre. Aber was das Wesentliche ist: Alle Kinder beschäftigen sich mit dem gleichen Thema, nur jeder auf eine andere Art und Weise.

Da Sie die Kinder mit einer Lernbehinderung am besten beurteilen können, haben wir jedes Thema in drei Niveaustufen aufbereitet. Die Ampel signalisiert die Niveaustufen von 1 (ganz grundlegendes Niveau) bis 3 (inhaltlich selbst erfassendes Niveau).

Und nun wünschen wir Ihnen viel Erfolg beim Einsatz unserer Kopiervorlagen - und Ideensammlung.

Der Kohl-Verlag und

Anni Kolvenbach

Name: ______________________

Klasse: ______________________

Griechische Kolonien

Aufgabe: Schaue dir das Bild genau an und erzähle, was du siehst. Die Kästen helfen dir dabei.

es liegt direkt am Meer

viele Häuser und Gebäude

die Häuser stehen auf Hügeln

wenig Bäume und Pflanzen

Was glaubst du: Kann man dort gut Obst und Gemüse anpflanzen?
Sollte man besser über das Meer fahren und woanders Obst und Gemüse anpflanzen?

Genau das haben die alten Griechen gemacht. Sie sind über das Meer woanders hingefahren und habe sich dort niedergelassen.

DIE GRIECHEN ... aus der Reihe: Inklusion KONKRET (Band 8) – Bestell-Nr. 12 695
KOHL VERLAG

Name: ______________________________

Klasse: ______________________________

Griechische Kolonien

Aufgabe: Schneide aus, ordne zu und klebe ein.

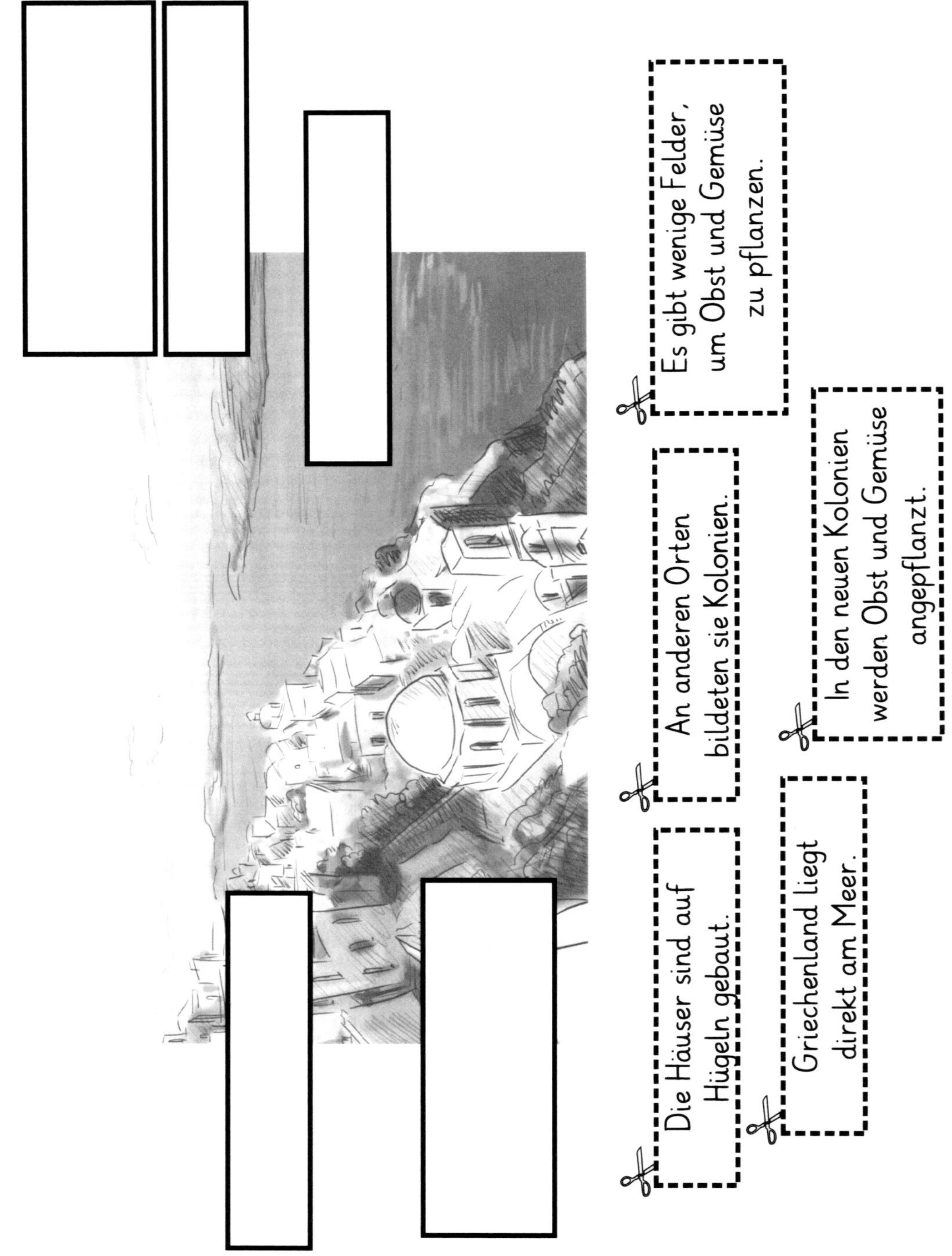

Es gibt wenige Felder, um Obst und Gemüse zu pflanzen.

In den neuen Kolonien werden Obst und Gemüse angepflanzt.

An anderen Orten bildeten sie Kolonien.

Die Häuser sind auf Hügeln gebaut.

Griechenland liegt direkt am Meer.

Name: ______________________________

Klasse: ______________________________

③

Griechische Kolonien

Aufgabe: Lies den Text und trage ein.

Schaue dir das Bild einmal an. Es wird dir sofort auffallen, dass es in Griechenland wenige Felder gibt. Die Häuser stehen auf Hügeln dicht an dicht. So war das auch schon im alten Griechenland vor 3000 Jahren. Das Gemüse und Obst reichte nicht, um alle Bewohner zu versorgen. Bevor viele sterben mussten, hatte man entschlossen, über das Meer zu segeln und nach einem neuen Platz zu suchen, wo man wohnen kann. Dort musste man alles neu aufbauen: Häuser, Gärten und Felder. Das fanden aber nicht alle gut. Die Menschen, die bereits vorher auf dem neuen Land wohnten, waren nicht begeistert. Oftmals wurden die Griechen vertrieben. Aber wenn sie dort wohnen konnten, so hielten sie immer Kontakt zu den Leuten, die tatsächlich noch in Griechenland wohnten. Diese neu gegründeten Orte nennt man Kolonien.

Es gibt wenige Flächen zum Anpflanzen – neue Kolonien wurden gebildet – die Häuser wurden meist auf Hügeln gebaut

DIE GRIECHEN ... aus der Reihe: Inklusion KONKRET (Band 8) – Bestell-Nr. 12 695
KOHL VERLAG

Name: ____________________

Klasse: ____________________

Seefahrer und Händler

Aufgabe: Schneide aus und puzzle zusammen.

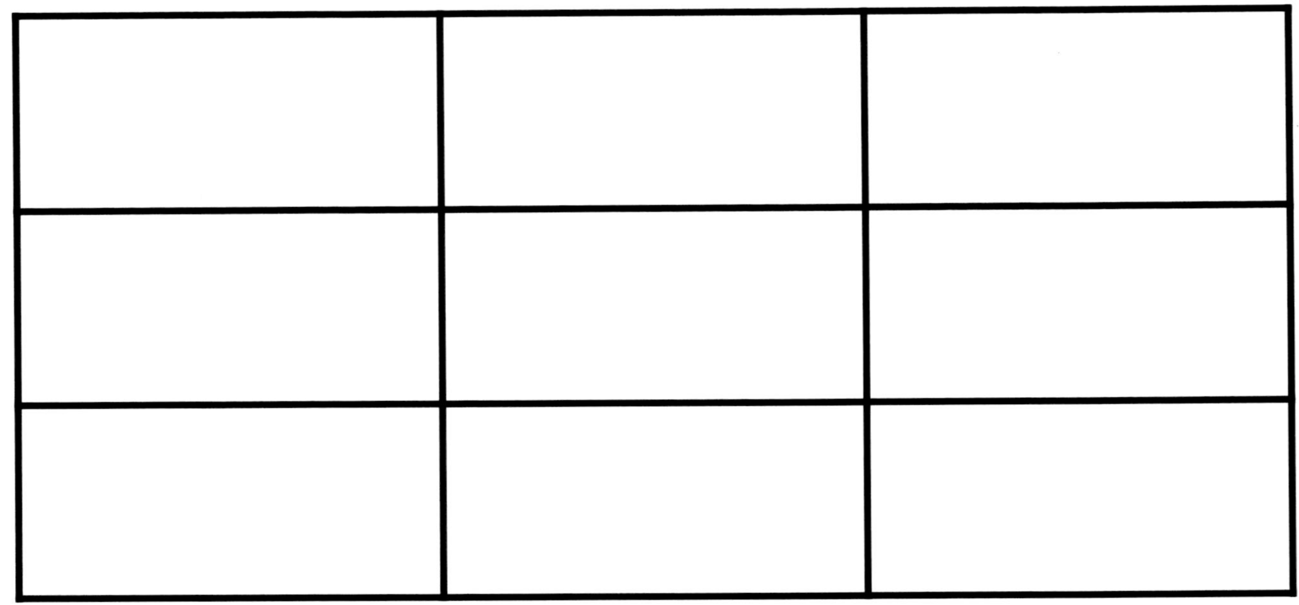

Name: ______________________________

Klasse: ______________________________

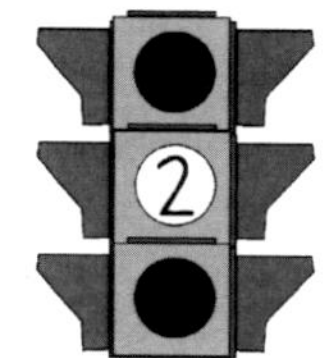

Seefahrer und Händler

Aufgabe: Schaue dir die Bilder an und ordne die Texte den Bildern zu. Verbinde.

Die Schiffe wurden mit Waren beladen, um diese Waren an die Kolonien zu liefern oder anderswo zu verkaufen.

Das Schiff hatte in der Mitte einen runden Raum, damit sehr viele Waren hineinpassen.

Ein Schiff verließ die Stadt und wurde von Seeleuten und Rudern angetrieben. Meist waren es 5 Seeleute und ein Kapitän.

Das Schiff fuhr nicht auf das offene Meer hinaus. Die Gefahr vor Sturm und Piraten war zu groß. Trotzdem überfielen Piraten oft die Handelsschiffe.

Es wurden meist große Säcke mit Getreide von den Kolonien abgeholt und weiter verkauft.

DIE GRIECHEN ... aus der Reihe: Inklusion KONKRET (Band 8) – Bestell-Nr. 12 695
KOHL VERLAG

Name: ______________________________

Klasse: ______________________________

Seefahrer und Händler

Aufgabe: Lies den Text und fülle den Lückentext aus.

Da es in Griechenland selber wenige Flächen gab, wo man etwas anbauen konnte, was dann verkauft wurde, musste man anderswo Dinge einkaufen, um sie dann zu verkaufen. Somit lag die Zukunft der Griechen auf dem Wasser. Sie holten Getreide und andere Waren in ihren Kolonien ab und verkauften sie dann. Nicht selten wurden sie dabei von Piraten überfallen. Darum begleiteten Kriegsschiffe oft die Handelsschiffe. Auf das offene Meer traute man sich nicht. Die Stürme waren zu gefährlich. In jedem Schiff saßen eine Menge starker Männer, die gerudert haben. Damit die Waren nicht nass wurden, hat man sie in großen Gefäßen transportiert. Diese Gefäße nannte man Amphoren. Sie waren genauso groß, wie ein Mensch.

Die Zukunft der Griechen lag auf dem ______________. Die Flächen, wo man etwas anbauen konnte, waren zu klein. So hat man meistens Getreide aus den ________________ geholt und diese auf dem Seeweg verkauft. Nicht selten wurden die Schiffe von ________________ überfallen, weshalb ____________________ die Handelsschiffe begleiteten. Auf das offene ______________ fuhr man nicht hinaus, da man Angst vor Stürmen hatte. Um viele Waren transportieren zu können, hat man diese in ____________________ transportiert, die oft so groß wie ein ______________ waren.

Amphoren – Kriegsschiffe – Kolonien– Mensch – Wasser – Piraten – Meer

Name: ______________________________

Klasse: ______________________________

Freiheit und Demokratie

Aufgabe: Oje, da hat der alte Mann aber was gesagt. Darf er einfach so sagen, dass der Krieger nicht so stark ist? Was meinst du?

Im alten Griechenland durfte jeder seine Meinung sagen. Eine Strafe hat man dafür nicht bekommen.

Wenn man sich nicht einig war, wurde abgestimmt. Jeder musste sich an die Entscheidung halten.

DIE GRIECHEN ... aus der Reihe: Inklusion KONKRET (Band 8) – Bestell-Nr. 12 695
KOHL VERLAG

Name: ____________________

Klasse: ____________________

2

Freiheit und Demokratie

Aufgabe: Schreibe in die Sprechblasen, was die Personen gesagt haben könnten.

Im alten Griechenland durfte jeder seine Meinung sagen. Eine Strafe hat man dafür nicht bekommen.

Wenn man sich nicht einig war, wurde abgestimmt. Jeder musste sich an die Entscheidung halten.

Name: ______________________________

Klasse: ______________________________

Freiheit und Demokratie

Aufgabe: Lies den Text und trage die fehlenden Wörter in den Lückentext ein.

Nicht immer durften Menschen das sagen, was sie gemeint haben. Wenn jemand glaubte Recht zu haben, dann war es oft so, dass nur das richtig war, was man den Leuten befohlen hat. Im alten Griechenland war das anders. Man konnte seine Meinung sagen, ohne bestraft zu werden. Und wenn man glaubte Recht zu haben, dann konnte man für sein Recht kämpfen, bis hin zu einem Richter, der dann sagte, was richtig ist. Wenn Entscheidungen im alten Griechenland anstanden, dann versammelte man sich und stimmte ab. Das was die Mehrheit wollte, wurde gemacht. Dies nennt man Demokratie. Wenn jemand zu viel Macht hatte, so konnte es für ihn gefährlich werden. Beim Scherbengericht schrieb man den Namen von dem mächtigen Mann, den man nicht haben wollte, auf eine Tonscherbe. Wurde der gleiche Name 6000 mal genannt, so musste er die Stadt verlassen.

Im alten Griechenland durfte man seine ____________________ frei äußern. Wenn jemand glaubte ____________________ zu haben, so konnte er sich das auch von einem ____________________ bestätigen lassen. Der Richter gab dann an, was richtig ist. Wenn ____________________ getroffen werden sollte, so wurde abgestimmt. Was die ____________________ abstimmte, wurde gemacht. Dies nennt man ____________________ . Damit jemand nicht zu viel Macht bekam, konnte dieser über das ____________________ aus der Stadt verbannt werden.

Richter – Meinung –Scherbengericht – Entscheidungen – Demokratie – Recht – Mehrheit

Name: ______________________________

Klasse: ______________________________

Das Familienleben

Aufgabe: Male aus.

Name: ______________________

Klasse: ______________________

2

Das Familienleben

Aufgabe: Welcher Text passt zu welchem Familienmitglied? Verbinde.

Er ist das Familienoberhaupt und sorgt für die Familie.	Sie darf der Mutter in der Küche helfen.	Zur Schule gehen darf sie nicht.	Ich spiele am liebsten mit einem Jo-Jo.

Ich zeige meiner Tochter wie man backt, näht und kocht.	Ich darf mit meinem Vater zum Markt. Meine Schwester nicht.	Ich bezahle die Schule für meinen Sohn.	Ich spiele mit meinen Puppen aus Ton.

KOHL VERLAG DIE GRIECHEN ... aus der Reihe: Inklusion KONKRET (Band 8) – Bestell-Nr. 12 695

Name: ______________________________

Klasse: ______________________________

3

Das Familienleben

Aufgabe: Lies den Text und fülle den Lückentext aus.

Wenn die Familien reich waren, so lebten sie in Häusern mit zwei Stockwerken. Der Junge durfte zur Schule gehen, aber die Schule musste bezahlt werden. Mädchen durften nicht zur Schule gehen. Sie sollten von der Mutter lernen, wie man backt, näht und kocht. Mädchen hatten Puppen und Figuren aus Ton. Jungen spielten gerne mit einem Jo-Jo. Der Junge darf den Vater zum Marktplatz begleiten. Den Marktplatz nannte man Agora. Das Mädchen musste zu Hause bleiben und durfte nicht mit zum Marktplatz. Mit zwölf Jahren sind die Jungen erwachsen und müssen ihr Spielzeug weggeben. Der Vater trainiert mehrmals in der Woche für den Fünfkampf. Da muss man Ringen, Laufen, Springen, Diskuswerfen und Speerwerfen.

Reiche Familien lebten in Häusern mit zwei ____________________. Die Jungen durften zur ____________________ gehen, die Mädchen nicht. Die Aufgabe der Mädchen war es, von der Mutter zu lernen, wie man backt, näht und kocht. Als ____________________ besaßen Mädchen ____________________ und Figuren aus Ton. Jungen spielten mit einem Jo-Jo. Als Junge durfte man den Vater zum ______________________________ begleiten. Den Marktplatz nannte man ____________________. Mädchen durften nicht mit zum Marktplatz. Mit ________________ Jahren sind die Jungen erwachsen und müssen ihr Spielzeug weggeben. Der Vater trainiert mehrmals in der Woche den ____________________.

Schule – zwölf – Stockwerken – Puppen – Fünfkampf – Agora – Marktplatz – Spielzeug

Name: ____________________

Klasse: ____________________

Denker und Wissenschaftler

Aufgabe: Schaue dir das Bild an. Kannst du die Frage beantworten?

Diese Herren waren Wissenschaftler und Denker. Vieles, was sie vor ganz ganz langer Zeit überlegt und geschrieben haben gilt heute noch. Kannst du die Herren zusammenpuzzeln?

KOHL VERLAG
DIE GRIECHEN ... aus der Reihe: Inklusion KONKRET (Band 8) – Bestell-Nr. 12 695

Name: ______________________________

Klasse: ______________________________

Denker und Wissenschaftler

Aufgabe: Schneide aus, puzzle zusammen und ordne die Texte zu.

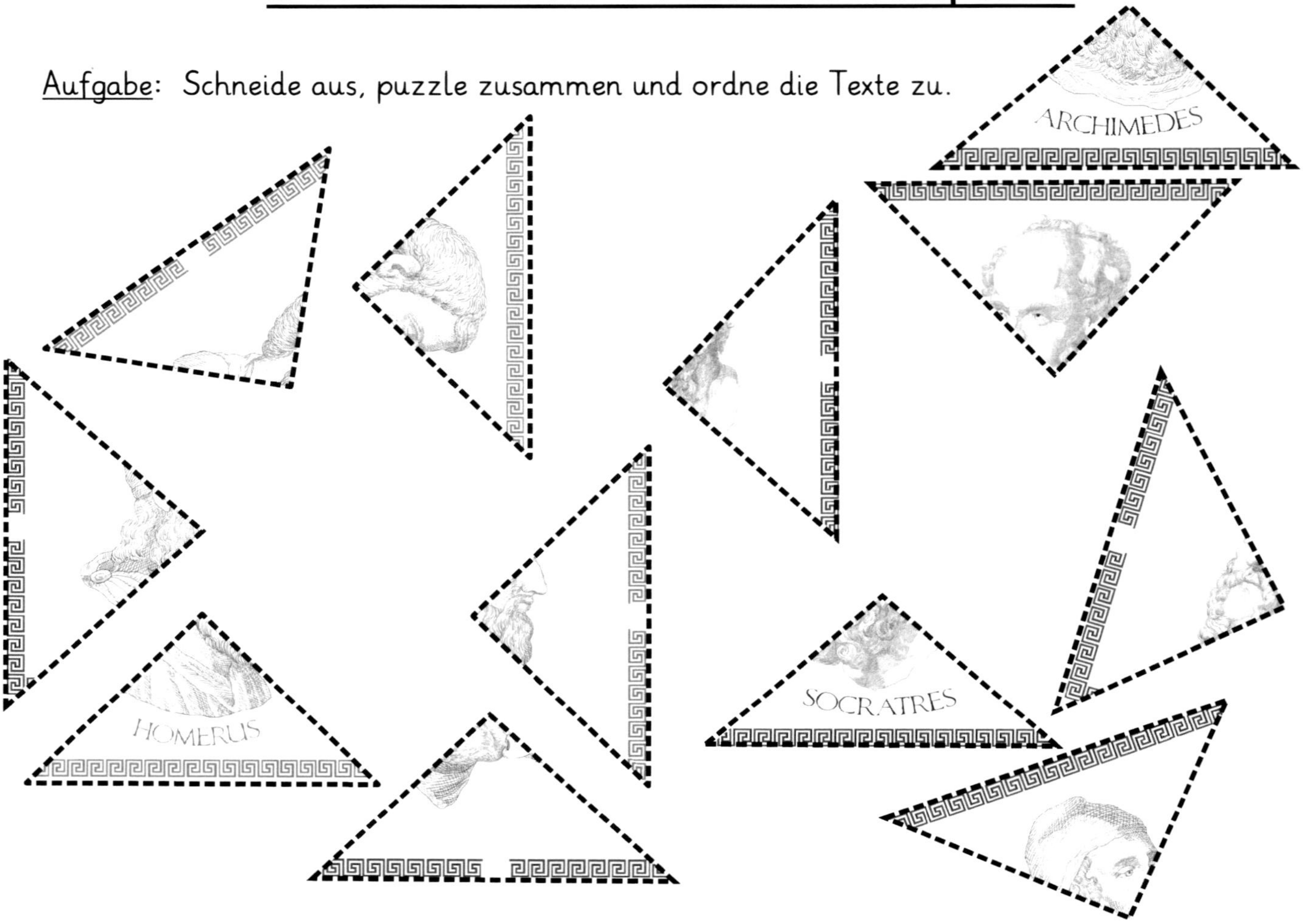

Homer (Homerus)	Socrates	Archimedes
Homer war ein Schriftsteller. Er hat berühmte Geschichten über Helden geschrieben, die spannende und gefährliche Abenteuer erlebten.	Socrates beschäftigte sich mit Menschen. Er dachte viel darüber nach, warum Menschen bestimmte Dinge tun. Er wollte Antworten finden.	Archimedes war berühmter Erfinder und Mathematiker. Archimedes konnte erstmals berechnen, wie viel Stoff man braucht, um eine Kugel zu umhüllen.

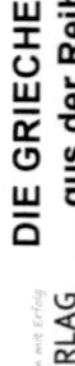

KOHL VERLAG
DIE GRIECHEN ... aus der Reihe: Inklusion KONKRET (Band 8) – Bestell-Nr. 12 695

Name: ______________________

Klasse: ______________________

Denker und Wissenschaftler

Aufgabe: Lies den Text und ergänze die Steckbriefe.

Archimedes war ein berühmter Erfinder und Mathematiker. Er hat zum Beispiel erfunden, wie man den Umfang einer Kugel berechnen kann. Homer (Homerus) war ein Schriftsteller. Er schrieb berühmte Geschichten über Helden, die die gefährlichsten Abenteur erlebten.Socrates war ein Philosoph. Er dachte viel darüber nach, warum Menschen so sind wie sie sind und warum sie manchmal komische Sachen machen.

SOCRATRES

Beruf: ______________________

Das hat er gemacht: ______________________

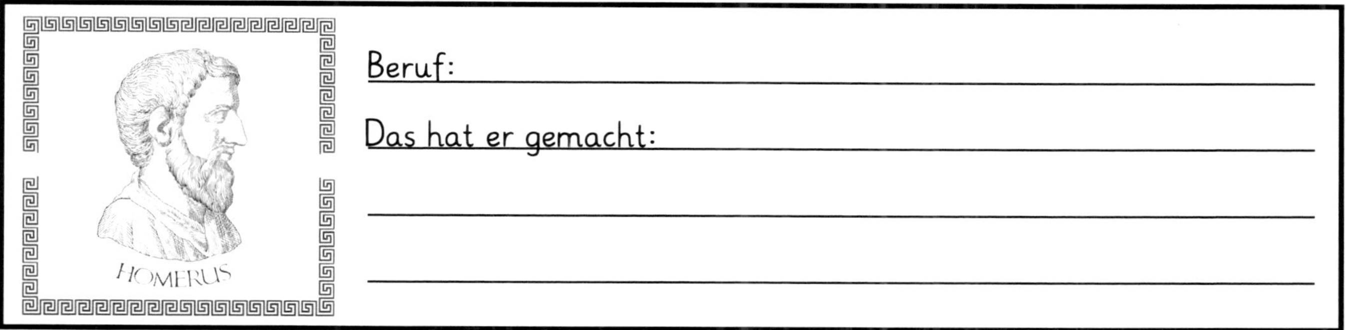

Beruf: ______________________

Das hat er gemacht: ______________________

ARCHIMEDES

Beruf: ______________________

Das hat er gemacht: ______________________

DIE GRIECHEN ... aus der Reihe: Inklusion KONKRET (Band 8) – Bestell-Nr. 12 695
KOHL VERLAG

Name: ______________________________

Klasse: ______________________________

Griechische Götter

Aufgabe: Schneide aus und spiele das Spiel „Finde die Paare".

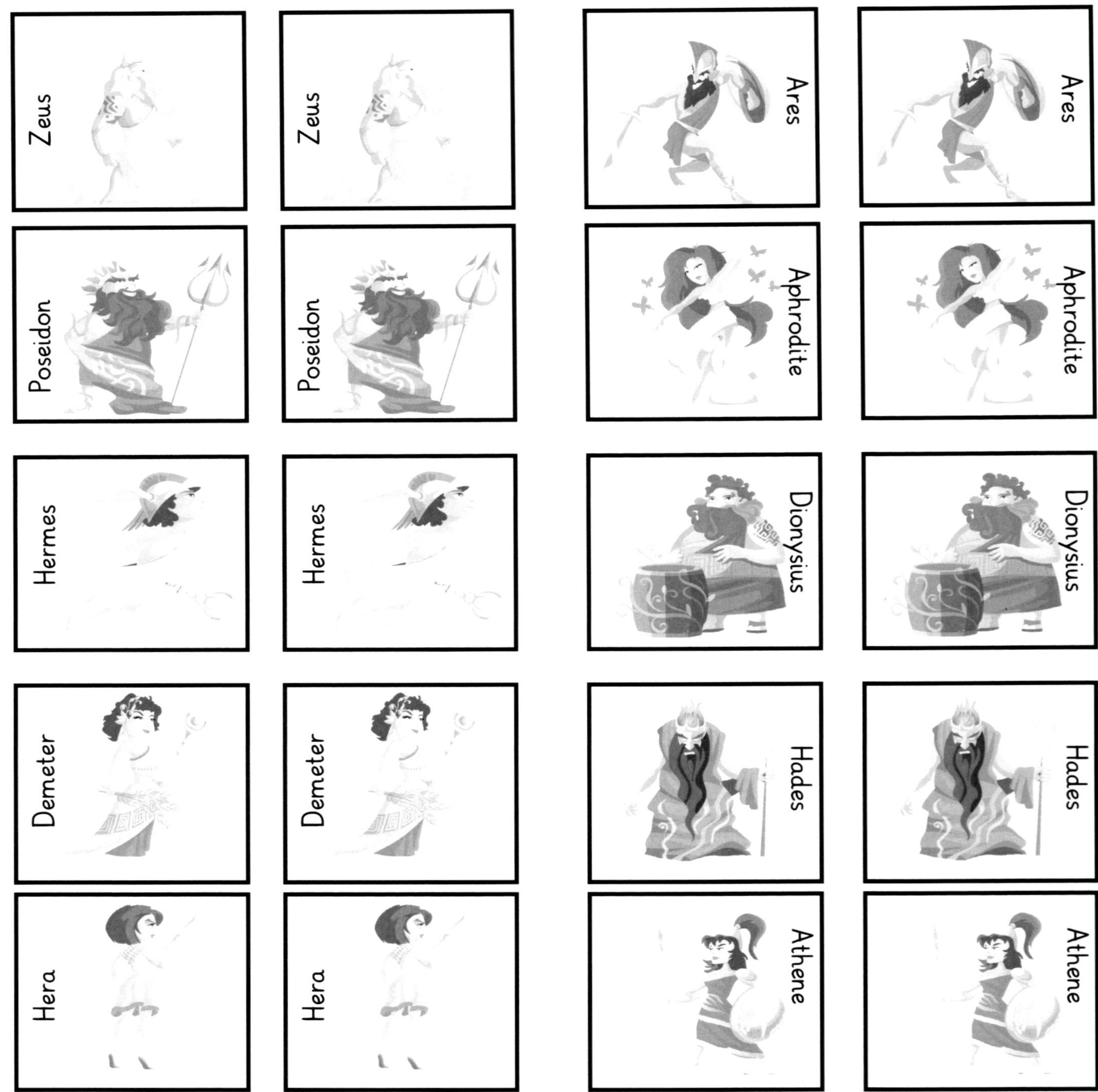

KOHL VERLAG DIE GRIECHEN ... aus der Reihe: Inklusion KONKRET (Band 8) – Bestell-Nr. 12 695

Name: ______________________________

Klasse: ______________________________

Griechische Götter

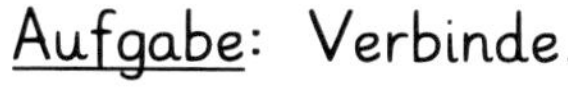

Aufgabe: Verbinde.

Zeus

Poseidon

Hermes

Demeter

Hera

- Todesgott
- Götterbote
- Kriegsgott
- Göttervater
- Beschützerin der Wissenschaft
- Göttin des Getreides
- Liebesgöttin
- Meeresgott
- Weingott (mit Fass)
- Göttin der Geburt

Ares

Aphrodite

Dionysius

Hades

Athene

DIE GRIECHEN
... aus der Reihe: Inklusion KONKRET (Band 8) – Bestell-Nr. 12 695
KOHL VERLAG

Name: ______________________________

Klasse: ______________________________

Griechische Götter

Aufgabe: Schaue dir die Götter an und vervollständige den Lückentext.

____________ ist der ____________ aller Götter. Da Zeus der Vater aller Götter ist, haben die Griechen ihm zu Ehren ________________ und Tempel bauen lassen.

Zeus - Staturen - Vater

____________ ist die Frau von Zeus und gleichzeitig auch seine ________________ . Schon komisch, was im alten Griechenland bei den Göttern so los war. Hera ist die Göttin der __________.

Ehe - Hera - Schwester

________________ ist der Gott des ____________ . Er hält einen Dreizack in der Hand. Da er als Gott auch über die Stürme und Winde herrscht ist Poseidon sehr ________________ und wild.

unberechenbar - Meeres - Poseidon

________________ ist die Göttin der ____________ und der Schönheit. Sie war mit dem Gott des Feuers verheiratet. Aphrodite war es sehr wichtig, dass ihr jeder sagte, dass sie die ________________ sei.

Schönste - Aphrodite - Liebe

DIE GRIECHEN aus der Reihe: Inklusion KONKRET (Band 8) – Bestell-Nr. 12 695
KOHL VERLAG

Name: ____________________

Klasse: ____________________

1

Die Olympischen Spiele

Aufgabe: Schneide aus und spiele das Spiel „Finde die Paare".

Diskuswerfen

Diskuswerfen

Wagenrennen

Zweikampf

Zweikampf

Speerwerfen

Speerwerfen

Wagenrennen

Weitsprung

Weitsprung

Rennen

Rennen

DIE GRIECHEN
... aus der Reihe: Inklusion KONKRET (Band 8) – Bestell-Nr. 12 695
KOHL VERLAG

Name: ______________________________

Klasse: ______________________________

Die Olympischen Spiele

Aufgabe: Verbinde, welche olympischen Disziplinen stattfanden.

- Speerwerfen
- Rennen
- Wagenrennen
- Weitsprung
- Diskuswerfen
- Zweikampf

DIE GRIECHEN aus der Reihe: Inklusion KONKRET (Band 8) – Bestell-Nr. 12 695
KOHL VERLAG

Name: ______________________________

Klasse: ______________________________

③

Die Olympischen Spiele

Aufgabe: Lies den Text und fülle den Lückentext aus.

Schaue dir einmal diese athletischen Sportler an. Die Fackel, zur Eröffnung der Olympischen Spiele, wird bis heute voran getragen. Die Disziplinen dieser sportlichen Spiele waren Zweikampf, Speerwerfen, Diskuswerfen, Wagenrennen, Rennen und Springen. Die Athleten bereiteten sich lange vor. Die Olympischen Spiele gibt es bis heute. Es treten Sportler aus der ganzen Welt gegeneinander an. Heute gibt es aber die alten Disziplinen nur noch zum Teil.

Athletische Sportler traten schon früher zu den Olympischen Spielen an. Mit einer ________________ wurden die Olympischen ________________ eröffnet. Das ist bis heute so. Disziplinen waren früher Zweikampf, Rennen, Diskuswerfen, Speerwerfen und Wagenrennen. Die ________________ bereiten sich lange vor. Die Olympischen Spiele finden __________ noch statt. Heute treten die Sportler in anderen ________________ an, aber einige sind auch gleich geblieben.

Disziplinen – Athleten – heute – Fackel – Spiele

DIE GRIECHEN
... aus der Reihe: Inklusion KONKRET (Band 8) – Bestell-Nr. 12 695
KOHL VERLAG

Name: ______________________________

Klasse: ______________________________

Das griechische Theater

Aufgabe: Schaue dir das Bild an und beschreibe was du siehst.

Redehilfen:

- Das Theater ist rund, so kann man von allen Sitzplätzen gut sehen.
- Die Bühne ist sehr hoch und breit. Sie sieht sehr mächtig aus.
- Alle Sitzplätze sind aus Stein.
- Vor der Bühne ist ein halbrunder Graben.
- Es sind sehr viele Sitzplätze.
- Es gibt eine Trennung zwischen den unteren und den oberen Sitzplätzen.

DIE GRIECHEN aus der Reihe: Inklusion KONKRET (Band 8) – Bestell-Nr. 12 695
KOHL VERLAG

Name: ______________________________

Klasse: ______________________________

2

Das griechische Theater

Aufgabe: Schneide aus und ordne zu.

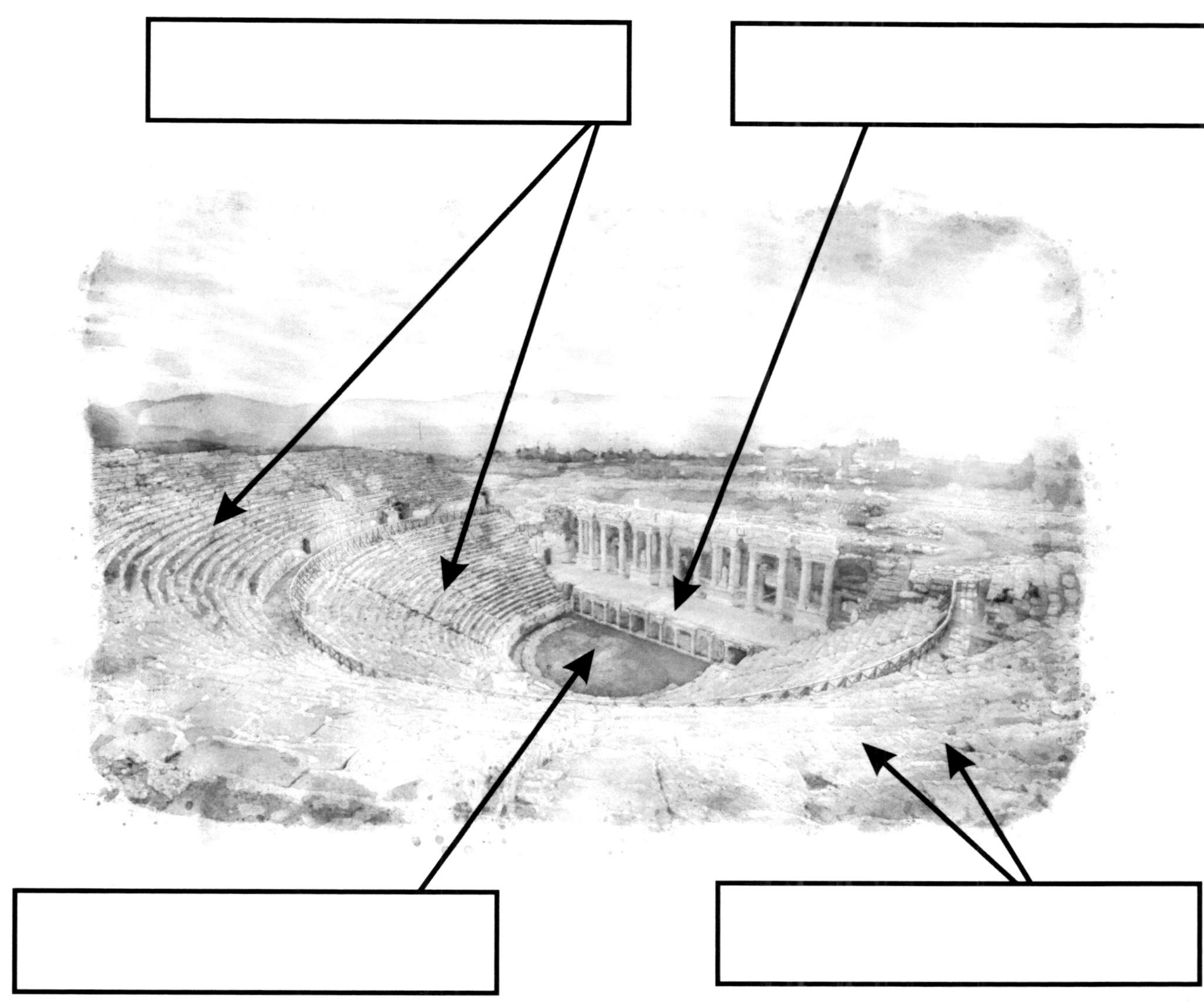

Trennung zwischen unteren und oberen Sitzreihen

ein halbrunder Graben ist direkt vor der Bühne

große, mächtige Bühne

alle Sitzbänke sind aus Stein

DIE GRIECHEN
... aus der Reihe: Inklusion KONKRET (Band 8) – Bestell-Nr. 12 695
KOHL VERLAG

Name: ______________________________

Klasse: ______________________________

Das griechische Theater

Aufgabe: Lies den Text und fülle den Lückentext aus.

In einem griechischen Theater konnten bis zu 15 000 Leute sitzen. Es ist halbrund gebaut, sodass man von allen Sitzplätzen gut sehen kann. Die Sitzplätze sind aus Stein. Die Bühne ist groß und mächtig. Vor der Bühne ist ein halbrunder Graben. Dort spielte das Orchester.

Wenn jemand auf der Bühne spricht, so kann man das noch in der letzten Reihe hören. Sogar das fallenlassen eines Geldstückes kann man in der letzten Reihe hören. Das Theater spielte nur einmal im Jahr. Dann dauerten die Aufführungen bis zu fünf Tage. Die Schauspieler und Chöre überzeugten die Besucher von ihrem Können. Es wurden nur zwei Formen von Theaterstücken aufgeführt. Entweder lustige oder abenteuerliche Schauspiele.

Ein griechisches Theater ist ______________________. So kann man von allen Sitzplätzen aus gut sehen. Die Sitzplätze bestehen aus Stein. Vor der großen und mächtigen ______________ ist ein Graben. Hier sitzt das ______________________. Wenn man auf der Bühne steht und spricht, so kann man noch in der letzten Reihe gehört werden. Das ________________ spielt nur einmal im Jahr. Die ________________ versuchen das Publikum fünf Tage lang zu begeistern. Es werden ________________ oder abenteuerliche Schauspiele vorgeführt.

lustige – halbrund – Orchester – Theater – Bühne – Schauspieler

DIE GRIECHEN
aus der Reihe: Inklusion KONKRET (Band 2) • Bestell-Nr. 12 695
KOHL VERLAG

Name: ____________________

Klasse: ____________________

①

Bauwerke im alten Griechenland

Aufgabe: Schneide aus und ordne zu.

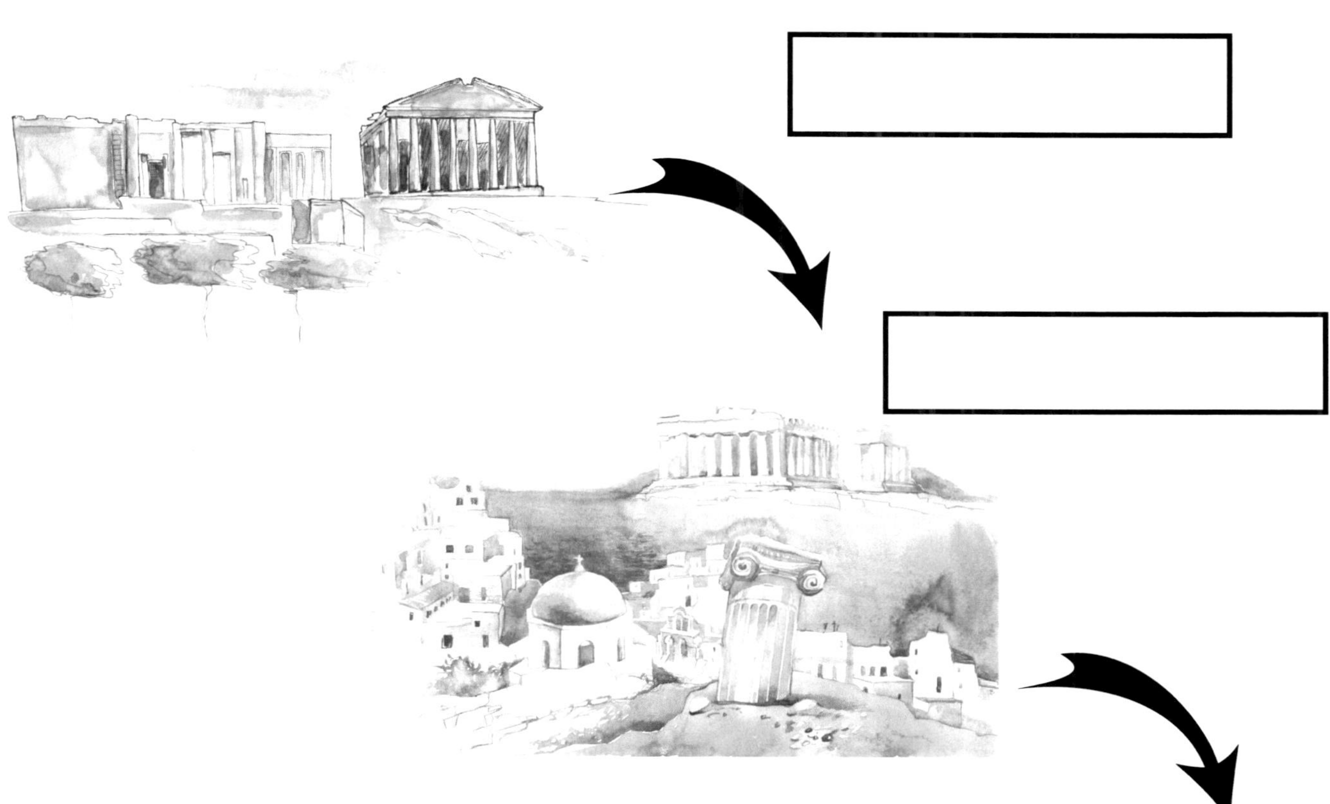

Früher waren die Bauwerke dunkler.

Viele alte Bauwerke stehen heute noch.

Heute sind die Häuser meistens weiß.

DIE GRIECHEN
… aus der Reihe: Inklusion KONKRET (Band 8) – Bestell-Nr. 12 695
KOHL VERLAG

Name: ______________________________

Klasse: ______________________________

Bauwerke im alten Griechenland

Aufgabe: Schneide aus und ordne zu.

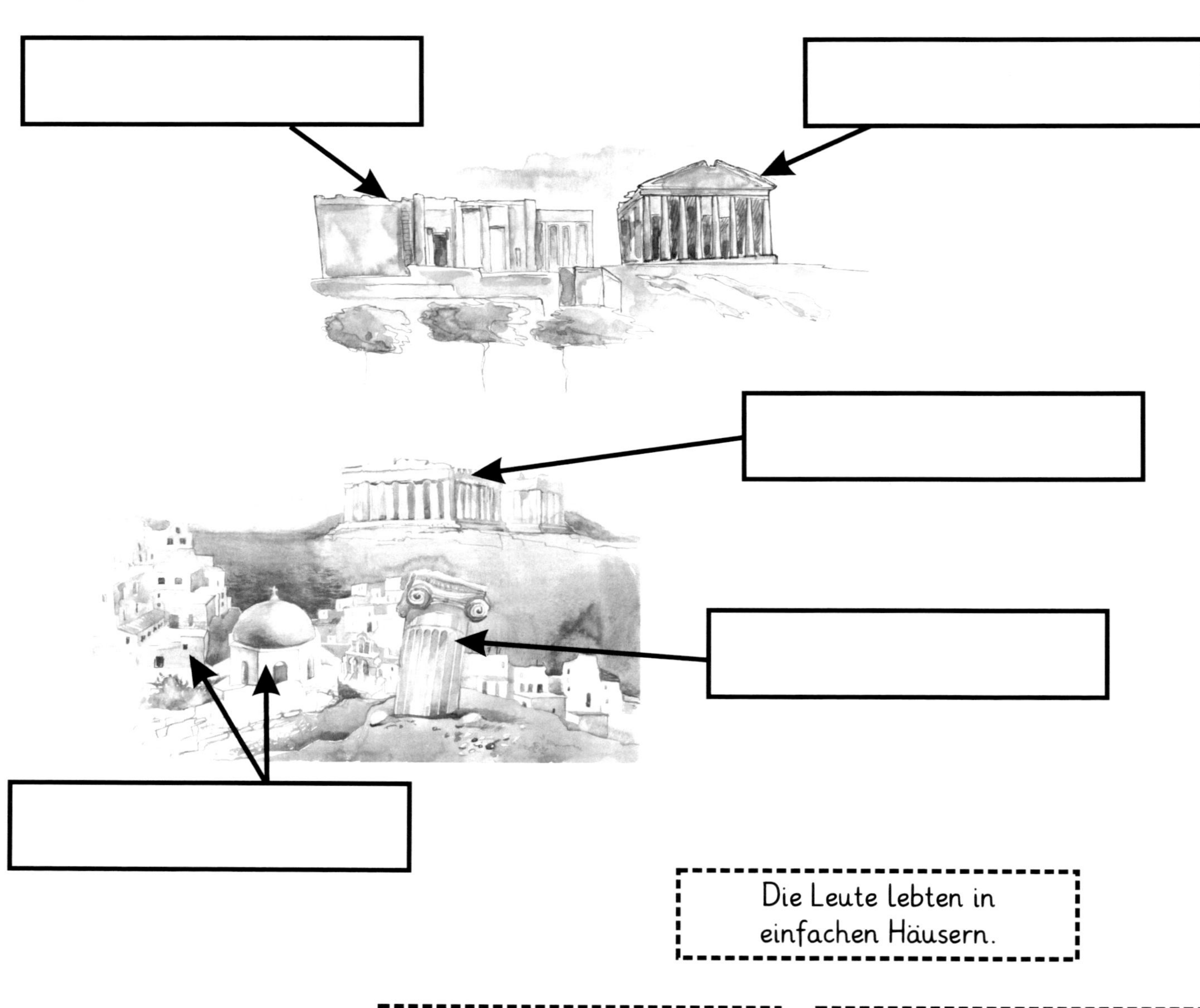

Die Leute lebten in einfachen Häusern.

Die Akropolis ist ein berühmter Tempel auf einem Berg.

Die Tempel wurden für die Schutzgötter der Stadt gebaut.

Die Häuser sind heute meistens weiß, zum Schutz vor der Sonne.

Überall findet man schöne Säulen.

DIE GRIECHEN aus der Reihe: Inklusion KONKRET (Band 8) – Bestell-Nr. 12 695
KOHL VERLAG

Name: ______________________________

Klasse: ______________________________

3

Bauwerke im alten Griechenland

Aufgabe: Lies den Text und verbinde.

Die Griechen lebten in einfachen Häusern. Für ihre Schutzgötter bauten sie aber mächtige und große Tempel. Dort wurden oft Opfergaben hineingelegt. Da auch Räuber an den Opfergaben interessiert waren, wurde oft Mauern um die Gaben gebaut. Der Tempel Akropolis ist sehr berühmt. Leider stehen heute nur noch Reste von diesem Tempel auf einem Berg. Der Tempel ist riesig. Er ist 70 Meter lang und 30 Meter breit, also etwas kleiner als ein Fußballfeld.

Heute sind die Häuser meistens weiß angestrichen. Das schützt vor der Sonne. Somit heizen sich die Häuser im Sommer nicht so auf. Es ist drinnen meistens kühler. Die Balkone oder Balken streichen vielen Griechen heute in blau an. Das sind die griechischen Landesfarben: weiß und blau. Man findet sie auch in der griechischen Flagge.

Der Tempel Akropolis steht auf einem Berg.

Heute sind die Häuser meistens weiß gestrichen.

Die Griechen bauten Tempel für ihre Schutzgötter.

Früher waren die Häuser dunkler.

Viele alte Säulen findet man noch heute.

Die alten Griechen wohnten in einfachen Häusern.

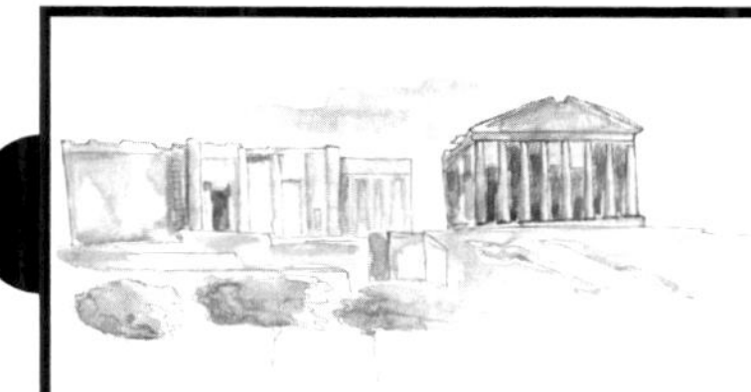

DIE GRIECHEN ... aus der Reihe: Inklusion KONKRET (Band 8) – Bestell-Nr. 12 695

KOHL VERLAG

Klasse 1 2 3 4

Sachunterricht

Gabriela Rosenwald

Der menschliche Körper

Inhalt: Mein Körper (Körperteile, von Kopf bis Fuß ...); Unsere Knochen (Skelett, Wirbelsäule ...); Ich kann meinen Körper bewegen (Gelenke, Muskeln, Sehnen, Bänder ...); Unsere Organe (Leib, Herz ...); Der Blutkreislauf und unser Blut; Atmung und Atmungsorgane; Was geschieht mit der Nahrung im Körper?; Nieren und Wasserhaushalt; Geschlechtsorgane; Gehirn; Unsere Sinne u.v.m.

60 Seiten	11 579	ab 14,49 €

1 2 3 4

Gabriela Rosenwald

Der Straßenverkehr

Wie verhalte ich mich richtig?

Schon unsere jüngsten Schüler sind Fußgänger, Radfahrer, Beifahrer im Auto und Nutzer öffentlicher Verkehrsmittel. Ein Grund, sich mit den wichtigsten Regeln und Verkehrszeichen auszukennen und mehr Sicherheit im Verkehr zu erreichen. Diese Kopiervorlagen zeigen auch das richtige Verhalten als Radfahrer und den Umgang mit dem „Drahtesel".

48 Seiten	12 319	ab 12,49 €

1 2 3 4

Birgit Brandenburg & Stefanie Hautkappe

Die Technik

Inhalt: Nützliche Werkzeuge; Traktor & Co (Hydraulikversuch, Traktor, Wie funktioniert eine Dampfmaschine?, LKW & Bagger); Hightech der Riesen (Schneidwerk & Dreschtrommel, Der Mähdrescher, Korntank); Der Eisenbahn; Technische Zeichnungen (Dreitafelprojektion, Perspektiven); Technik im Haushalt (Wasserkocher, Temperaturschalter); Technik im Alltag (Brückenarten, Zeitmessung u.v.m.)

60 Seiten	11 018	ab 13,49 €

1 2 3 4

Gabriela Rosenwald

Mobilität & Verkehr

Alles rund um Verkehrsmittel unter der Lupe

Inhalt: Fußgänger, öffentliche Verkehrsmittel, Auto, LKW, Fahrrad, Roller, Inliner, helle Kleidung, Reflektoren, Regeln im Straßenverkehr, Verkehrssinn trainieren, Ursachen für Mobilität, Ferien, Reisen, Flucht, Mobilität von Waren, Schulweg u.v.m.

48 Seiten	11 805	ab 11,99 €

1 2 3 4

Barbara Theuer

Die Energie

Energiegewinnung mit Wind und Wasser und Umsetzung

Inhalt: Wo steckt hier Energie?; Über die Sonne und andere Energiequellen; Welche Energiequellen kennst du?; Energieformen (mechanische, elektrische, thermische Energie ...); Was Energie kostet; Mühlrad; Von heißem Dampf und nützlichen Maschinen; Elektrischer Strom und seine Erzeugung; Energie aus dem Meer; Zukunftsenergien u.v.m.

72 Seiten	11 212	ab 14,49 €

1 2 3 4

Sonderpädagogischer Förderbedarf

In drei Niveaustufen aufgeteilt präsentiert sich das neue Material zur sonderpädagogischen Förderung für Schüler*innen mit einer Lernbehinderung. Komplexe Themen werden anschaulich und verständlich dargestellt. Liebevolle Illustrationen und leicht verständliche Sachtexte erleichtern es, sich mit dem Fachwissen zu beschäftigen. Die Themeninhalte sind an den Kernlehrplänen der Regelschulen orientiert, sodass eine Differenzierung leicht ermöglicht werden kann und Inklusion gelebt wird. Alle machen mit!

Anni Kolvenbach

Ökosystem Wald

NEU

Themeninhalte:

- So eine Pflanze hat es schwer (biotische und abiotische Faktoren)
- Baumarten
- Pflanzenwachstum
- Stockwerke des Waldes
- Wald im Jahresverlauf
- Nutzen des Waldes
- Tiere des Waldes

FÖ INK

32 Seiten	12 602	ab 11,99 €

3 4

Anni Kolvenbach

Bäume und Pflanzen

NEU

Sich mit Bäumen und Pflanzen zu beschäftigen ist recht anschaulich, kann aber für Kinder mit einer Lernbehinderung zu einer wirklichen Hürde werden. Dieses Arbeitsheft gliedert jedes einzelne Thema in drei Niveaustufen, sodass eine leichte Differenzierung möglich ist.

Aus dem Inhalt: Pflanzenaufbau / Aufbau eines Baumes / Fotosynthesereaktion / Frühblüher / Weiterleitung innerhalb eines Baumes / Bäume im Herbst und Winter

32 Seiten	12 607	ab 11,99 €

FÖ INK

3 4

Anni Kolvenbach

Ökosystem Gewässer

NEU

Liebevolle Illustrationen und leicht verständliche Sachtexte erleichtern es, sich mit dem Fachwissen zu beschäftigen.

Themeninhalte u.a.:

- Gewässerarten
- Biotische und abiotische Faktoren in Gewässern
- Schweben im Wasser
- Ein See im Verlauf des Jahres
- Nahrungsketten

32 Seiten	12 603	ab 11,99 €

FÖ INK

3 4

Anni Kolvenbach

Plankton — Das Schweben im Wasser

NEU

Gerade bei Themen, die nicht besonders greifbar sind, ist eine anschauliche Vermittlung unerlässlich. Dieses Arbeitsheft möchte die komplexe Thematik des „Plankton" Schüler*innen mit Förderbedarf auf drei Niveaustufen differenziert näherbringen.

Aus dem Inhalt: Einzeller / Mehrzeller / Pantoffeltierchen / Zellteilung

32 Seiten	12 693	ab 11,99 €

FÖ INK

3 4

Anni Kolvenbach

Haus- und Nutztiere

NEU

Tiere begeistern Schüler*innen, nur sind die verschiedenen anatomischen Bestandteile schwer vermittelbar. Dieses Arbeitsheft soll durch anschauliche Grafiken und leicht verständliche Texte dazu beitragen, diese Zusammenhänge erfassen zu können.

Aus dem Inhalt: Vom Wolf zum Hund / Verhalten des Hundes / Die Katze / Das Rind / Das Schwein / Das Pferd / Der moderne Bauernhof u.v.m.

32 Seiten	12 608	ab 11,99 €

FÖ INK

3 4

Anni Kolvenbach

Wir entdecken Deutschland

NEU

Die Reihe „Inklusion konkret" bietet diese anschauliche Arbeitsmappe für das Unterrichtsfach „Erdkunde". Die Bundesländer Deutschlands zu erkunden ist vielfältig, stellt aber im sonderpädagogischen Bereich für Kinder mit einer Lernbehinderung eine Besonderheit dar. Die räumliche Orientierung sowie das Fachwissen zu den jeweiligen Bundesländern wird auf anschauliche und leicht verständliche Weise geschult.

60 Seiten	12 604	ab 14,49 €

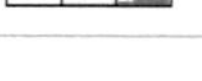

FÖ INK

3 4

Anni Kolvenbach

Von den ALPEN bis zur KÜSTE

NEU

Die Reihe „Inklusion konkret" bietet auch diese anschauliche Arbeitsmappe für das Unterrichtsfach „Erdkunde". Die Lebensräume von den Alpen bis zur Küste zu erkunden ist vielfältig, stellt aber im sonderpädagogischen Bereich für Kinder mit einer Lernbehinderung eine Besonderheit dar. Die räumliche Orientierung, sowie das Fachwissen wird auf anschauliche und leicht verständliche Weise geschult.

32 Seiten	12 723	ab 11,99 €

FÖ INK

3 4

Anni Kolvenbach

Griechen, Römer, Steinzeit

NEU

Der Geschichtsunterricht sollte anschaulich gestaltet sein, damit Personen und Lebensweisen aus Vorzeiten begriffen werden. Auf diese Weise sind diese drei spannenden Epochen der Menschheit aufbereitet und bereit für Ihren Unterricht.

Griechen	12 695	ab 11,99 €
Römer	12 694	ab 11,99 €
Steinzeit	12 714	ab 11,99 €

je 32 Seiten

FÖ INK